AF460503

Offert à M. Barbier-[illegible]
par son ami
[illegible] Augeo[illegible]

ÉLOGE

DE

N. BOILEAU-DESPRÉAUX.

DE L'IMPRIMERIE DE FAIN JEUNE ET COMPAGNIE.

ÉLOGE

DE

N. BOILEAU-DESPRÉAUX.

DISCOURS qui a remporté le prix d'éloquence proposé par la classe de la langue et de la littérature françoises de l'Institut national, et décerné dans sa séance publique du 5 nivôse an XIII.

PAR L. S. AUGER.

> Tout reconnut ses lois, et ce guide fidèle
> Aux auteurs de ce temps sert encor de modèle.
>
> ART POÉT., chant Ier.

A PARIS,

Chez {COLNET, Libraire, au coin de la rue du Bac et du quai Voltaire.
MONGIE, aîné, Libraire, Cour des Fontaines, n.° 1.
DEBRAY, Libraire, rue St.-Honoré, barrière des Sergens.
DELAUNAI, Libraire, palais du Tribunat, galeries de bois.

AN XIII — 1805.

ÉLOGE DE BOILEAU.

LA nation françoise sortoit d'une révolution qui avoit changé ses institutions, ses mœurs et presque son caractère. Sa langue n'avoit pu rester seule inaltérable. Des choses nouvelles avoient nécessité de nouvelles expressions; le fanatisme des opinions avoit engendré l'exagération du style; les crimes, les vertus, les pensées, les actions s'étoient élancés hors de la sphère commune, et la parole, fidèle à les suivre, avoit franchi toutes les barrières que jusque-là l'usage et la raison lui avoient opposées.

Durant cette époque terrible et mémorable, les Muses avoient vu leurs autels abandonnés par les uns, profanés par le culte sacrilége des autres. Tandis que leurs fidèles interprètes étoient presque tous condamnés au silence, d'indignes ministres de ces paisibles divinités leur faisoient parler le langage furieux des partis. Ils fouloient aux pieds les règles et les modèles, comme si les unes eussent été des préjugés ridicules, les autres des autorités tyranniques et avilissantes. Le passage de la décadence à la barbarie sembloit avoir été pour nous sans intervalle.

L'orage avoit cessé. Le temple des sciences et des lettres venoit d'être reconstruit; l'Institut national étoit créé. Quel soin plus pressant, plus important pour lui que de remédier aux nombreux abus qui avoient corrompu l'art d'écrire?

Dans un temps où notre littérature, presque au sortir du berceau, alloit être étouffée sous les mêmes efforts qui tentoient de la perfectionner, Boileau avoit combattu et terrassé l'hydre du mauvais goût. Après un siècle de maturité et d'éclat, cette même littérature, parvenue tout à coup au terme de la plus affligeante dégradation, se voit attaquée de nouveau par tous les fléaux qui ont assailli son enfance. Où est celui qui doit l'en délivrer encore?..... L'Institut national évoque l'ombre de Boileau. A sa voix, ce grand homme reparoît au milieu de nous. *L'Art poétique* est dans sa main. Il va faire revivre les lois que jadis il a dictées, ces lois qui ont fait fleurir le Parnasse françois, et dont l'oubli a précipité sa décadence.

Au commencement du siècle qui vit naître Boileau, Malherbe avoit fait disparoître les vices de notre ancienne versification, introduit dans le rythme françois la justesse et l'harmonie, et créé parmi nous les véritables formes de la poésie lyrique. Regnier avoit emprunté la satire aux anciens, et défriché, non sans honneur, ce champ que de plus heureuses mains devoient cultiver un jour. La France avoit entrevu l'aurore du bon goût; mais sa lumière naissante ne tarda point à être éclipsée par de fausses lueurs, pires que les ténèbres qui l'avoient précédée. La vaine enflure des auteurs espagnols, et les froids *concetti* des poëtes italiens furent bientôt pris pour modèle par nos écrivains. Disputant entr'eux à qui seroit plus sublime ou plus ingénieux, ils devenoient extravagans ou inintelligibles. Ceux-ci éblouissoient leurs lecteurs par le faste hyperbolique de ces expressions, qui cachent le vide des idées : ceux-là les séduisoient par l'apprêt métaphysique de ces pensées, dont la fausseté échappe à la faveur de la subtilité. Ce fut alors qu'on vit naître ces énormes romans, où les personnages les plus graves de l'antiquité agitoient des questions d'amour dans un jargon emphatique et quintessencié, ces romans où l'histoire étoit sans vérité, la fiction sans vraisemblance, la peinture du cœur humain et celle des mœurs sans fidélité. Tandis que les *Polexandre*, les *Orondate*, les *Artamène*, échappés des livres de la Calprenède, de Gomberville et de Scudéri, s'emparoient de la tragédie, où ils portoient leurs conversations et leurs amours sans fin, Scarron occupoit la scène comique, et la souilloit par de cyniques bouffonneries. Ce même Scarron dégradoit par de vils travestissemens les héros de l'épopée, que les auteurs de *Clovis*, d'*Alaric* et de *Saint Louis* déshonoroient encore davantage par le merveilleux bizarre de leurs fictions, le prosaïsme et la dureté de leurs vers. Cependant Benserade ravissoit la cour, enchantoit les ruelles par des pointes et des quolibets; Voiture tenoit le sceptre à ce fameux hôtel de Rambouillet, école ouverte de style précieux, et rendez-vous des personnages les plus illustres par la naissance et par l'esprit; Chapelain régnoit au Parnasse (*), et désignoit les poëtes à la liberalité de Louis XIV. Ainsi, les modèles, les succès, les récompenses, tout favorisoit l'influence du mauvais goût, tout conspiroit à assurer son empire. A la vérité, Corneille avoit pris son sublime et rapide essor du sein de cette contagion universelle; mais l'élévation de son génie n'avoit pu tout à fait l'en garantir. Un autre grand homme, Molière, né avec le tact qui saisit les ridicules et avec la force qui les terrasse, n'avoit payé qu'un léger tribut

(*) Comme roi des auteurs qu'on l'élève à l'empire.
Sat. IX.

à ceux qui déshonoroient la littérature. Il s'en affranchit bientôt ; mais il n'en délivra pas son siècle. Il avoit le monde à corriger ; la réformation du Parnasse ne pouvoit être son ouvrage : il se contenta de lancer en passant quelques traits. Il falloit donc qu'un jeune auteur, plein de talent et de courage, passionné pour le vrai, ennemi par instinct du faux bel-esprit, fît son unique affaire de le poursuivre à outrance ; qu'aussi sévère pour lui-même que pour les autres, il acquît, par une pureté irréprochable de style et de goût, le droit de censurer ceux dont le style et le goût étoient dépravés ; et qu'enfin, aussi empressé à admirer les beautés qu'ardent à blâmer les défauts, il fût tout à la fois la terreur et le fléau des méchans poëtes, le défenseur et l'appui des bons écrivains. Cet auteur fut Boileau.

Il donna ses premières satires. Un début si brillant a perdu de son éclat à nos yeux. Des ouvrages supérieurs, composés dans la force de l'âge et du talent, ont éclipsé ces productions de sa jeunesse. Mais, à considérer l'époque où ils parurent, les essais de Boileau furent des chefs-d'œuvres. A cette époque, la poésie françoise ne pouvoit encore citer aucun ouvrage où l'exactitude et l'heureux tour des constructions, la propriété et la noblesse des termes, la grâce et la douceur de la versification se fissent remarquer au même degré. M'objecteroit-on les écrits immortels des deux grands hommes qui ont fondé parmi nous l'une et l'autre scène? Corneille, luttant avec effort contre la barbarie qu'il avoit trouvée en possession du théâtre, Corneille, tourmenté du besoin de produire, et employant toutes les forces de son esprit à combiner les plans de ses nombreuses conceptions dramatiques, n'apporta au travail de la diction ni le temps, ni la volonté, ni peut-être les dispositions nécessaires. On prétendit qu'*un démon venoit lui dicter ses beaux vers, et l'abandonnoit ensuite* (*). Molière étoit le peintre de la nature et de la société. De même que la perspective théâtrale lui faisoit une loi d'agrandir les proportions dans le dessin de ses figures, les convenances dramatiques lui prescrivoient d'employer, pour les peindre, une touche moins régulière et moins soignée. Ce sacrifice qu'il faisoit à la vérité de l'imitation, et quelquefois aussi aux diverses circonstances qui précipitoient son pinceau, ne lui permit point d'obtenir cette pureté de trait, ce fini des détails, qui sont devenus les caractères distinctifs de notre versification. Avant Boileau, ce style poétique, dont la correction et l'élégance continues ajoutent à la dignité des plus nobles pen-

(*) Ce mot est de Molière.

sées, et donnent de la noblesse aux plus communes, avant lui, ce style n'existoit donc point encore. Il le créa, et, en le créant, il le fixa : aucune de ses expressions, aucun de ses tours n'a vieilli. Ce sont des couleurs à l'épreuve du temps, dont chaque jour semble faire ressortir davantage l'inaltérable fraîcheur. Honneur singulier, gloire unique, si Boileau ne la partageoit avec Pascal, que la prose françoise reconnoît à la fois pour son créateur et pour l'un de ses plus parfaits modèles.

Dans ses premières satires, Boileau avoit révélé les secrets de la langue poétique aux écrivains dignes de se les approprier, et en même temps il avoit puni la sottise, intimidé la médiocrité, et appris au public à rougir de ses idoles. Ainsi, ses premiers pas dans la carrière avoient été marqués par d'importans services, avant de l'être par d'éclatans succès. Mais l'Europe et la postérité devoient lui donner un jour le titre de Satirique françois. Deux ouvrages ont suffi pour le lui mériter. Les ennemis de la raison et du bon goût avoient répondu par des injures plates et grossières à ses critiques pleines de sel et d'enjouement. Boileau, feignant de prendre leur parti contre lui-même, fait le procès *à son esprit*. Les défenses de cet esprit accusé ; sa rétractation ; ses éloges, la plus sanglante des satires ; ce courroux des auteurs dont la conscience s'irrite de la louange encore plus que du blâme ; tous ces traits de la malice la plus gaie, de la plaisanterie la plus ingénieuse, sont gravés dans toutes les mémoires, sont répétés par toutes les bouches. C'est ici la raillerie si justement vantée d'Horace, mais plus fine encore, plus spirituelle, et sur-tout plus délicate. Peu auparavant, Boileau avoit livré la guerre au genre humain, et dans un de ces accès d'exagération satirique, qui font sourire l'esprit sans révolter la raison, il avoit mis le roi des animaux au-dessous du plus stupide, du plus ridicule de ses sujets. C'étoit cette fois l'énergie de Juvénal sans déclamation, la profondeur de Perse sans obscurité, la causticité d'Aristophane, lorsqu'elle n'est ni bouffonne, ni odieuse.

Emule d'Horace dans la satire, Boileau le fut avec plus de succès encore dans l'épître. L'épître, qui n'exclut aucun sujet, admet aussi tous les tons. Dans ce genre moins borné, moins uniforme, Boileau, tour à tour littérateur et moraliste, censeur et courtisan, a déployé le talent le plus flexible. On distingue dans les épîtres un fonds de raison plus étendu, plus approfondi que dans les satires, l'intérêt y est plus général, plus varié, plus soutenu ; la poésie y a plus de mouvement, de souplesse et de grâce. Les seules épîtres de Boileau placeroient leur auteur au premier rang de ceux qui ont orné la raison du charme des beaux vers.

Pour la troisième fois, Boileau lutte contre Horace. Cette fois, la victoire lui reste. Ce qui n'avoit fourni à l'un que la matière d'une épître, appelée trop fastueusement peut-être du nom d'*Art poétique*, est devenu sous la plume de l'autre un poëme vraiment digne de ce titre. Inférieur à Boileau du côté de l'étendue, Horace ne peut lui être comparé sous le rapport de l'ordonnance. Employant la forme épistolaire, il use légitimement, mais sans réserve, de toute la liberté qu'elle autorise. La poésie dramatique paroît être le sujet principal de ses réflexions; il ne fait qu'indiquer légèrement les autres genres: du reste, il passe subitement d'un objet à l'autre, et mêle les règles générales aux règles particulières: ainsi, il s'affranchit des entraves de la méthode et du *travail des transitions* (*). Boileau donne à son poëme une forme plus imposante et plus sévère; il y embrasse toutes les parties de l'art qu'il professe; il les divise, les lie, les gradue, les subordonne entr'elles et à l'ensemble, par les

(*) Cette expression est de Boileau lui-même. Il s'en est servi en parlant de La Bruyère, à qui il reprochoit de s'être épargné, dans son livre des *Caractères, le travail des transitions*, qui étoit, selon lui, ce qu'il y avoit de plus difficile dans les ouvrages d'esprit.

justes proportions qu'il établit. Travaillant sur un plan vaste et régulier, il développe, pour le remplir et le décorer, toutes les richesses de l'imagination et du style. De là ces heureux épisodes qui rompent l'uniformité du sujet; ces métaphores nobles ou gracieuses, qui en ornent la simplicité; cette versification brillante où l'aridité de la pensée se dérobe sous la magnificence de l'expression; ces traits malins qui égayent la gravité des règles sans en affoiblir l'autorité; enfin cet art d'identifier le précepte et l'exemple, en décrivant chaque genre de poésie du ton qui lui est propre, et en y appliquant, pour ainsi dire, la couleur locale.

Jusqu'ici, fidèle sectateur des anciens, Boileau s'est fait une loi de poser religieusement tous ses pas sur les vestiges qu'ils ont imprimés dans la carrière, et, s'il les y a quelquefois devancés, il semble ne devoir cet avantage qu'à l'élan qu'il a pris en les poursuivant. Tout à coup nous le voyons tenter un autre chemin vers la gloire(1). Homère et le Tassoni l'y avoient précédé; mais dans cette route moins étroite, et dont le terme étoit plus reculé, ils n'avoient point laissé de traces assez sûres pour guider leur hardi successeur. Si l'imagination est le premier mérite du poëte, si cette faculté est d'autant plus admirable, que le fonds sur lequel elle s'exerce est plus aride, et qu'elle en fait jaillir une source de beautés plus abondante, quel homme que celui qui trouva le *Lutrin* dans une stérile anecdote, *et fit d'un vain pupitre un second Ilion* (*) !

Suivrai-je Boileau dans la marche de son épopée ? M'arrêterai-je à dénombrer les incidens qui en enrichissent la contexture, ces songes, ces conseils, ces harangues, ces combats, ces entreprises nocturnes, ces oracles rendus? Rappellerai-je ces caractères dessinés avec tant de hardiesse et de variété, soutenus avec un art si admirable pendant toute la durée de l'action ? Vanterai-je ces riches développemens de fiction et de poésie, cet heureux accord du naturel et du merveilleux, cette intervention tour à tour sublime et plaisante des divinités allégoriques écloses du cerveau du poète (**) ? Non, je ne disserterai point sur ce qui doit être senti. Je ne flétrirai point en les touchant des beautés que ma main doit respecter. Les pages, où la prose froide et inanimée analyse un poëme plein de chaleur et de mouvement, ressemblent trop à ces feuilles d'un herbier où s'étale desséchée, sans éclat et sans parfum, la fleur qui, sur sa tige, faisoit les délices de la vue et de l'odorat.

(*) Vers du *Lutrin*, chant VIe.

(**) Comme ces dieux éclos du cerveau des poëtes.

ART POÉT., chant III.

Qu'il me soit permis de jeter un moment les regards en arrière, et d'embrasser d'un coup-d'œil des chefs-d'œuvres que j'ai rapidement parcourus. Dans l'ordre où ils ont été produits, je crois apercevoir une sorte d'enchaînement, je dirois presque de système, dont le hasard seul n'est pas la cause. En un mot, il me semble que la chronologie des ouvrages de Boileau (qu'on me pardonne cette expression) en renferme l'histoire, en complète l'éloge.

La satire veut toute la franchise, toute l'audace de la jeunesse : Boileau commence par des *satires*. Bientôt les désordres littéraires n'ont plus seuls de l'importance à ses yeux ; la sphère de ses idées s'agrandit par le commerce des hommes ; son jugement se fortifie par l'observation ; l'exercice donne à son esprit plus d'étendue et de profondeur, à son talent plus de nerf et de flexibilité ; d'un autre côté, le succès qu'ont obtenu ses satires peut se mettre en partie sur le compte de la malignité publique ; il a besoin de légitimer cette gloire douteuse par des triomphes moins faciles, et qui appartiennent à lui seul : il compose ses *épîtres*. Ce n'est point assez. Après avoir signalé les auteurs qui ont échoué, il veut marquer les écueils de la carrière ; après avoir pris parmi les premiers poëtes du siècle un rang qu'on ne peut plus lui disputer, il veut guider les autres de ses conseils, *et leur montrer de loin la couronne et le prix* (*) : il publie *l'Art poétique*. Enfin celui qui, d'une main si sûre et si hardie, vient de tracer la theorie des plus vastes compositions, ne se croit pas quitte envers le public et envers sa gloire, si, par un ouvrage de génie, il ne donne à ses préceptes la sanction de l'exemple : le *Lutrin* paroît. Cet accroissement successif, qu'on remarque dans le mérite de ses sujets, ne se fait pas moins sentir dans celui de son style. Quoique parti d'un point déjà trop avancé pour qu'il semblât permis d'espérer un grand progrès, nous le voyons, d'année en année, de poëme en poëme, s'élever, par degrés sensibles et réguliers, jusqu'à cette hauteur, d'où Boileau lui-même ne peut plus que descendre.

Quel est donc ce mérite si grand d'un poëte dont les écrits peu nombreux, peu étendus, n'offrent point de ces conceptions sublimes, derniers efforts de l'esprit humain ? Quel charme si puissant, vainqueur de l'envie et du temps, a donc pu donner à sa voix cette autorité qui subjuguoit ses contemporains, et à laquelle, après un siècle et demi, nous soumettons encore avec respect notre goût et nos décisions ? Boileau lui-même a pris soin de nous l'apprendre ; ses ou-

(*) Vers de l'*Art poétique*, chant IV.

vrages ne sont pas sans défauts ; il le dit, et lui seul avoit le droit d'être aussi sévère ;

> ..... Mais en eux *le vrai*, du mensonge vainqueur,
> Partout se montre aux yeux, et va saisir le cœur (*).

Qui le croiroit? C'est en cela seulement que Boileau, ce poëte, si fier de son génie, si jaloux de sa gloire, fait consister tout son talent, toute sa supériorité. Quand il a dit : *Rien n'est beau que le vrai*, il a prononcé sur son propre mérite, et c'est de lui-même qu'il faut emprunter le seul éloge qui soit digne de ses ouvrages. *Le vrai* est la source féconde où il a puisé tout ce qui le rend admirable à nos yeux. Morale sage, critique saine, goût pur et style exact ne sont, pour ainsi dire, dans Boileau, que la raison diversement modifiée suivant les objets auxquels elle s'est appliquée. Son esprit, éminemment juste, étoit également blessé des désordres de la société et des abus de la littérature. Appréciateur éclairé de tous les genres de bienséances, il donna, presqu'avec le même succès, aux hommes des règles de conduite, aux auteurs des préceptes de style. Enfin, puisqu'il existe une logique pour le langage, ainsi qu'il en est une pour la pensée, et que le même jugement qui règle les combinaisons de l'une, sert à déterminer les rapports de l'autre, le plus judicieux des écrivains en dut être le plus correct.

(*) Vers de l'épître IX.e, à M. de Seignelay.

Si un poëte, doué de l'esprit le plus juste, du goût le plus délicat, et du talent le plus pur, avoit consacré ces qualités si rares et si précieuses à l'usage le plus utile qu'il en pût faire pour sa nation, je veux dire au perfectionnement des mœurs et à la réformation de la littérature ; si, dans ce double dessein, il avoit composé des satires piquantes et ingénieuses, des épitres pleines d'instructions solides et salutaires, un poëme parfait, code immortel de la législation poétique ; et qu'enfin, pour amuser son siècle, après l'avoir éclairé, il eût publié un autre poëme, chef-d'œuvre de gaieté et d'imagination ; si, dans tous ces ouvrages, la critique et le précepte, la morale et la plaisanterie étoient traités avec toute la verve, tout l'intérêt dont chacun de ces genres est susceptible ; mais que d'ailleurs, dans aucun de ces mêmes écrits, le sujet ne comportât l'expression du sentiment ou de la passion, au point d'en faire désirer l'emploi, ou seulement d'en laisser apercevoir l'absence, sur quel fondement accuseroit-on un tel poëte de n'avoir pas eu de sensibilité ? de quel droit lui reprocheroit-on d'en avoir manqué ? Que si cependant ce même poëte, se sentant privé d'une qualité qu'il est également impossible d'acquérir et de feindre avec succès, s'étoit sagement abstenu de traiter des sujets où elle fût nécessaire, sa prudence ne devroit-elle pas être la matière d'un éloge plutôt que l'occasion d'un reproche, et ne faudroit-il pas vanter en lui l'un des premiers mérites de l'écrivain, celui de bien connoître la nature de son génie ? Je ne me suis point fait ici un jeu d'étaler une supposition chimérique, de créer une objection imaginaire pour avoir le facile mérite de la détruire. On le sait trop bien : des esprits éclairés (*) ont en effet reproché au poëte de la raison de n'avoir pas été celui du sentiment. Tant il est vrai que les lumières ne préservent pas toujours de l'erreur, et que la gloire est un bien qu'il faut sans cesse disputer à l'injustice !

Il est un petit nombre de grands écrivains, dont les ouvrages procurent à tous les esprits, à tous les sexes, à tous les âges, des jouissances vives et réitérées. Appuyée sur les titres les plus brillans, environnée des souvenirs les plus aimables, leur mémoire est, en quelque sorte, l'objet d'un culte universel. Chacun s'empresse de leur payer un tribut d'admiration, de reconnoissance et d'amour. Qu'un orateur soit appelé à célébrer leur gloire, il devient l'organe de la nation entière; tous les cœurs répondent au sien ; toutes les voix s'unissent à la sienne. Boileau (pourquoi le dissimulerois-je ?) Boileau n'a point les mêmes droits

(*) D'Alembert, Marmontel et plusieurs autres.

à l'affection publique, et, si je l'ose dire ainsi, à la faveur populaire; un fonds inépuisable de vérité et de bon goût, une correction sévère, une éléganc esoutenue de style, un mécanisme parfait de versification, tous ces mérites n'ont, aux yeux de la plupart des hommes, ni ce charme qui les séduit, ni cet éclat qui leur impose. Ceux dont la raison est profondément exercée, ceux qui sont initiés dans les secrets de la composition, peuvent seuls les apprécier dignement. De tels juges ne sont pas nombreux; ils se passionnent peu, et malheureusement il en est parmi eux qui sont moins sensibles aux beautés qu'habiles à saisir et à exagérer les défauts, ou même ingénieux à les supposer. Si la palme de l'éloquence est promise à qui louera le mieux Boileau, l'orateur, craignant de tomber dans les langueurs d'une aride discussion, et plus encore d'étaler dans l'éloge du plus vrai des hommes et des écrivains, les mouvemens d'une éloquence fausse et déplacée, n'osera employer, ni toute l'énergie de la conviction, ni toute la chaleur de l'enthousiasme pour célébrer un grand poëte, attaqué avec toute l'adresse de la malignité, avec toute l'animosité de l'ignorance. Cependant, malgré lui, l'éloge dégénérera en apologie. Les sincères admirateurs de Boileau seront indignés de sa foiblesse; ses détracteurs seront irrités de sa résistance. Victime des passions d'autrui, victime de son propre zèle, il aura déplu à tous les esprits pour avoir essayé de les concilier tous. Mais à quoi sert-il de rappeler ici les difficultés de mon sujet? Il ne sera tenu compte de les avoir appréciées qu'à celui qui les aura vaincues.

On a trouvé que la raison de Boileau étoit trop timide, que ses idées étoient trop circonscrites, trop peu approfondies, en un mot, qu'il n'étoit pas philosophe. Voltaire est le premier qui, à l'imitation des Anglois, ait porté dans la poésie ces idées hardies et philosophiques que l'affoiblissement du pouvoir permettoit à son génie naturellement indépendant, ces résultats lumineux et profonds que le progrès des sciences venoit offrir en tribut à son imagination. Boileau ne put employer des ressources que lui refusoit l'état de son siècle. Cependant, quel écrivain dans ce même siècle offre plus que lui des traits libres et courageux? J'en atteste ses ouvrages. Sous un roi victorieux et qui le combloit de ses faveurs, n'a-t-il pas vanté les douceurs de la paix, déploré les malheurs de la guerre, et fait le procès aux conquérans (2)? Qu'a fait de plus l'auteur de *Télémaque?* Sous l'empire d'une religion toute-puissante, et qu'il respectoit sincèrement, n'a-t-il pas attaqué l'hypocrisie, détesté les fureurs de l'intolérance et frondé les abus de l'église (5)? Qu'a fait de plus l'auteur du *Tartuffe?* Je rappellerai cette satire où Boileau le premier, soutenant les droits de l'illustration personnelle contre les priviléges de la noblesse héréditaire, vengea *l'honneur en roture* des dédains du *vice anobli.* Je citerai cet *arrêt burlesque*, par lequel Boileau, détrompé des chimères du péripatétisme, lorsque ses contemporains les respectoient encore, protégea la philosophie de Descartes, de ce grand homme, qui depuis, remettant aux mains des Locke et des Newton le double flambeau du doute et de la géométrie, devant lequel devoit s'évanouir le prestige de ses propres systèmes, leur a ouvert les routes du monde intellectuel et du monde physique. La philosophie sépareroit-elle dans sa reconnoissance Descartes, qui combattit l'erreur, de Boileau, qui défendit Descartes? Notre indifférence à cet égard, j'ai presque dit notre ingratitude, provient sans doute de ce que, pour juger un écrivain, nous ne nous plaçons pas dans les circonstances où il a vécu. Nous trouvons vulgaire et pusillanime ce qui fut un effort de raison, un prodige de hardiesse. Si la philosophie de Boileau a éprouvé cette injuste vicissitude, qu'au moins le temps respecte la gloire des services qu'il a rendus à la morale publique; quatre de ses vers ont provoqué, ont obtenu l'abolition d'une épreuve odieuse, qui déshonoroit la justice, insultoit à l'hymen, et outrageoit la pudeur, qui s'en vengeoit en la rendant inutile. C'est encore à Boileau qu'on doit tant de préceptes de morale pratique renfermés dans les bornes d'un vers : sorte de monnoie, qui, frappée au coin du poëte, est à l'usage de tous, circule avec facilité dans le commerce de la vie, et va grossir le trésor des proverbes, ce fonds riche et solide de la philosophie populaire.

Si l'on m'accuse d'avoir trop hautement revendiqué pour Boileau une place parmi les poëtes philosophes et moralistes, je rejetterai ce reproche sur ceux qui la lui ont trop durement refusée. L'excès de mon zèle trouveroit-il moins d'indulgence que l'excès de leur sévérité? Au surplus, je le sens, ce mérite, qu'ils ont contesté à Boileau, comme s'il l'avoit affecté, qu'il a rencontré quelquefois, mais qu'il semble n'avoir jamais recherché, disparoît devant un autre mérite que nul ne lui dispute, que nul ne partage avec lui, qui lui est propre, qui est inséparable de son nom, celui d'avoir fondé l'école poétique françoise. Ce fut là le but constant, le véritable but de ses travaux. Un seul siècle a produit parmi nous plus de grands hommes que tous les autres ensemble. La libéralité du monarque, l'action réciproque des lumières, la rivalité des talens, toutes ces causes de succès ne suffisent pas pour expliquer la prodigieuse supériorité de tant de beaux génies. Elle a sans doute d'autres causes, dont la nature a seule le secret; mais parmi celles que l'intelligence humaine peut assigner, il en est une peut-être qu'il n'est point inutile de faire apercevoir. Chacun de ces grands hommes (je ne parle ici que de ceux qui ont cultivé le bel art de la poésie), chacun d'eux se renferma dans les limites de son génie. Content de l'empire qu'il avoit fondé, chacun d'eux borna ses soins et sa gloire à le rendre florissant. Le siècle qui les a suivis, devoit offrir ce phénomène d'un homme qui a ambitionné ce qu'on a appelé pour lui la monarchie universelle des lettres. Mais, semblable aux autres conquérans, Voltaire n'a point gardé toutes ses conquêtes; partout il a porté ses pas; il est loin d'avoir partout établi sa puissance. N'envahissant point les états d'autrui pour mieux régner dans les leurs, Corneille et Racine se partagèrent l'empire tragique; Molière occupa le trône de Thalie; La Fontaine eut la fable et le conte pour apanage; Boileau posséda le domaine entier de la poésie didactique, et donna des lois au Parnasse françois.

Avant que son autorité y fût reconnue, il lui avoit fallu détrôner le faux goût qui s'en étoit emparé. Ses satires avoient réduit à d'impuissantes fureurs les auteurs armés pour la défense de l'usurpateur. Chacun de ses autres ouvrages fut une nouvelle victoire remportée sur eux. Le silence et la honte devinrent bientôt leur unique partage. Mais laissons en paix les mânes de ces tristes soutiens d'une déplorable cause. Leurs noms n'auroient point survécu à leur défaite, si Boileau ne les eût placés dans ses vers. Ce sont des Barbares vaincus, dont le vainqueur a enchaîné les images à son char de triomphe. L'airain les immortalise ; leur mémoire périssoit sans lui.

Attachons nos regards sur un objet bien plus intéressant pour nous, bien plus honorable pour Boileau. Examinons les moyens qu'il employa pour porter la versification à un degré de noblesse et d'élégance tel que l'apprécier, c'est connoître l'art; en approcher, c'est réussir. L'élève des Raphaël et des Rubens, qui sait que les petits sujets reçoivent tout leur prix de l'exécution, et que sans elle les plus grandes compositions ne sauroient attacher nos regards, étudie dans les tableaux de ces artistes fameux, leur touche, leur coloris, leur manière. Appliquons-nous de même à observer et à saisir les procédés de Boileau, à épier et à surprendre le secret du maître. Qui se refuseroit à recevoir de lui des leçons que Racine a bien voulu prendre?

Dans notre versification, l'inconvénient le plus difficile à éviter parce qu'il tient à sa nature, le plus à craindre parce qu'il engendre l'ennui, c'est la monotonie. Elle résulte de la rime, ornement nécessaire de la poésie dans une langue qui n'a point de prosodie fixe. Trop souvent le versificateur ne songe qu'au besoin de trouver des consonnances. Il procède par rimes; quand l'une est remplie, il s'occupe de l'autre. Delà, sous le nom de poëmes, ces fastidieuses séries de distiques, où chaque rime complète chaque idée, où les désinences enchaînées deux à deux importunent l'oreille au lieu de la flatter. Boileau, maître de son sujet, maître de la rime qui lui obéit en esclave (*), varie au gré de sa pensée la période poétique. Tour à tour il la restreint et l'étend. Ici, elle frappe par son énergique concision; là, elle charme par ses développemens nombreux et imposans. Boileau n'emprunte point le honteux secours de ces inversions forcées, de ces enjambemens vicieux, que le mauvais goût moderne donne pour des découvertes, quand il n'a fait que les dérober à notre ancienne barbarie. A l'aide de ces coupes heureuses, de ces combinaisons savantes que le sens et l'oreille approuvent, sa phrase revêt toutes les formes, prend

(*) La rime est une esclave et ne doit qu'obéir.

Art poét., chant Ier.

tous les mouvemens, produit tous les effets. Les entraves de la mesure et de la rime lui donnent de l'essor, loin de la gêner.

Dans le système imparfait de versification suivi jusqu'à Boileau, souvent tout l'éclat d'une image, toute la force d'une pensée résidoit dans le premier vers, et le second n'étoit plus alors, si j'ose m'exprimer ainsi, qu'une vaine et insipide superfétation. Pour remédier à cet inconvénient d'autant plus grave que le vers, qui n'ajoute point à l'idée du vers qui le précède, ne manque jamais de l'affoiblir, Boileau érigea en précepte et consacra par son exemple la nécessité de *faire le second vers avant le premier.* Ce procédé, si simple, et dont l'explication même semble déroger à la dignité du discours le moins orné, ce procédé n'en fut pas moins regardé comme un des secrets les plus importans de l'art de versifier. Le poëte qui le pratique, loin de détruire l'effet d'un beau vers par un vers plus foible, parvient à dissimuler plus heureusement les légers sacrifices qu'il est quelquefois obligé de faire à la rime; et en donnant dans le second vers par l'achèvement de la rime et de la pensée, la solution du double problème, que dans le premier il sembloit avoir proposé à l'oreille et à l'esprit, il les satisfait à la fois l'un et l'autre; et la réunion de leurs suffrages, qui est le but de son art, en est aussi la glorieuse récompense. Une tradition constante rapporte que Boileau donna ce secret à Racine, et que c'étoit là ce qu'il appeloit *lui avoir appris à faire difficilement des vers.*

Mais où lui-même avoit-il appris cet art de féconder une poésie stérile, d'enhardir sa timidité, de vaincre ou d'éluder ses dégoûts, en un mot, de la rendre capable de tout exprimer et de tout peindre? Pourrai je expliquer comment sous sa plume elle descendit, des objets les plus sublimes, aux choses les plus familières, décrivit *le passage du Rhin*, et *le combat des chantres et des chanoines*, s'éleva à la hauteur de Louis XIV, et se mit à la portée d'Antoine le jardinier? Long-temps avant Boileau, on avoit essayé de transporter dans nos vers les trésors de la poésie descriptive des anciens; mais les auteurs de cette tentative n'avoient point le goût qui discerne ce qu'il faut prendre, qui dispose convenablement ce qu'on s'est approprié. Ces précieux débris de l'antiquité, qu'ils employèrent confusément avec les matériaux encore informes d'une langue qui sortoit à peine de la barbarie, offrent à nos yeux une disparate presque risible. On croit voir une peuplade de sauvages qui, après avoir pillé une ville enrichie des chefs-d'œuvres de tous nos arts, revient décorer bizarrement ses huttes grossières des vases, des statues et des tableaux dont elle a fait sa proie. En toute chose, l'abus décrédite l'usage. De ce que notre poésie avoit employé sans succès les moyens descriptifs de l'antiquité, on conclut qu'elle devoit renoncer à s'en servir. On lui interdit jusqu'à ceux que pouvoit lui fournir le génie d'une langue déjà peu riche elle-même. Elle fut condamnée à l'indigence; son orgueil s'en accrut. Dans sa pauvreté noble, elle auroit craint de déroger en partageant les ressources roturières de la prose. Boileau trouve l'art de la secourir en ménageant sa délicatesse. Tantôt il est frappé d'un rapport jusque-là inaperçu entre deux objets : alors, et pour la première fois, les termes qui désignent chacun d'eux, se rapprochent d'eux-mêmes, se marient; et ces alliances, doublement satisfaisantes par la justesse et par la nouveauté, sont appelées par lui-même des *expressions créées*. Tantôt il introduit un latinisme énergique ou élégant; le lecteur instruit n'en est point choqué, parce qu'il est familiarisé d'avance avec l'idiôme qui l'a fourni; il le goûte, parce qu'il lui rappelle une étude qui lui a coûté et dont les fruits lui sont chers; son opinion devient celle du public, et l'heureux étranger est naturalisé dans la langue qu'il enrichit. Souvent, lorsque le mot unique et nécessaire seroit rejeté s'il se présentoit seul, Boileau l'accompagne d'une épithète noble, qui le protège de son éclat et donne le change à l'attention ; le mot est admis, et cette surprise faite à l'orgueil de la poésie est d'autant plus approuvée, qu'elle préserve de la langueur des périphrases. Quelquefois, quand un terme, trop bas et sans équivalent dans le style soutenu, ne sauroit passer, même à la faveur de l'épithète la plus relevée, ne pouvant nommer l'objet, il le peint, et prouve que notre langue aussi peut aspirer aux beautés du genre descriptif. Toujours son expression joint au mérite de la propriété et de l'élégance celui d'occuper dans la phrase la place précise qui doit en augmenter la force, ou en faire valoir la finesse ; et notre construction, malgré sa marche méthodique et nécessaire, semble n'avoir rien à envier à la liberté de ces inversions grecques et latines, qui permettoient de disposer les mots dans l'ordre le plus favorable à la pensée et à l'harmonie. L'harmonie fut aussi l'une des qualités distinctives de la versification de Boileau. Doué d'une oreille difficile et d'une patience opiniâtre, il porta dans la recherche des sons le même soin, la même sévérité que dans le choix des idées. Mais il ne se borna point à cette vaine harmonie qui, sans rapport avec l'objet exprimé, n'a d'autre but que de flatter l'ouie, et n'ajoute que peu de chose aux plaisirs de l'esprit. Il fit présent à la poésie françoise de l'harmonie imitative, de cet art qui, par la combinaison des sons et les mouvemens du style, peint ce que les mots ne font que nommer, de cet art que les anciens ont cultivé avec tant de succès dans leurs langues riches et sonores, et qui sembloit ne devoir jamais produire que des résultats imparfaits dans notre idiôme sourd et stérile, surtout depuis les efforts ridiculement malheureux de Ronsard et de quelques autres pour faire rendre à la lyre françoise les accords de la lyre grecque et latine. Comme tous les arts, l'harmonie imitative a ses règles et ses procédés (1); comme tous les arts, elle exige une disposition particulière d'organes, l'étude des modèles et beaucoup de travail. Le poëte, pour transmettre l'impression qu'il a reçue, assortit et arrange les expressions, comme le peintre nuance et place les couleurs. Averti par un sentiment subtil et rapide qu'à force d'habitude il a rendu presqu'indépendant de la volonté, il écrit un vers imitatif à peu près comme un compositeur exercé, en plaçant sa main sur le clavier, produit un accord que sa tête ne cherchoit pas. Arts charmans de la peinture et de la musique, j'ai pu vous comparer en quelques points avec l'harmonie imitative; mais vous n'égalerez jamais ses prodiges. La peinture, qui exprime la forme et la couleur des objets, ne rend ni l'action, ni le bruit; elle représente un moment et non la durée, un état et non le mouvement, et le son, que produit le choc des corps, ne peut résulter de ses figures immobiles. La musique est bornée à l'imitation du bruit et du mouvement, et cette imitation, dont les moyens sont si insuffisans et les effets si vagues, a presque toujours besoin d'être expliquée, et, pour ainsi dire, traduite. L'harmonie imitative a, comme cet art, la double ressource des sons et de la mesure; mais elle l'applique au discours, et le sens en est inséparable; c'est la musique et la parole réunies. Retraçant à l'imagination par les signes écrits tout ce que la peinture retrace à l'œil par les couleurs, l'harmonie imitative, à l'aide de la prosodie, accélère et ralentit à son gré la marche du vers: elle mesure le temps et produit l'action; elle résout le problème de la peinture en mouvement.

Sans doute la nature, libérale envers Boileau, avoit donné à son esprit le tour le plus favorable aux idées justes et ingénieuses, à ses organes le sentiment exquis du nombre et de l'harmonie. Mais qui pourroit dire avec quel soin, quelle opiniâtreté, il cultiva de si précieuses dispositions? Au delà du bien apercevant toujours le mieux, il y tendoit sans cesse, et croyoit ne l'avoir jamais atteint. Quelques esprits, susceptibles de prévention, instruits par lui-même que ses vers avoient été enfantés avec effort, et polis sans relâche, n'ont pas cru possible qu'une composition aussi laborieuse ne leur eût point fait contracter un air de gêne et de sécheresse, et ils ont eu le malheur de l'y apercevoir. Aux vers de Boileau ils ont opposé ceux de Racine, dont la perfection ne porte point l'empreinte du travail. Ils n'ont point songé que la poésie dramatique tourne en sentiment tout ce qui s'offriroit ailleurs sous la forme d'une pensée ou d'une image; que les sentimens s'élançant d'une âme fortement émue, l'expression en doit être rapide et simple, tandis que les pensées et les images, tranquille résultat des combinaisons de l'esprit, tiennent du principe même qui les a produites une apparence plus marquée de soin et d'arrangement; que la vérité d'un dialogue passionné exige une facilité, un abandon, que dans le poëte didactique on traiteroit de foiblesse ou de négligence; enfin que le pathétique, qui a pour objet d'échauffer le cœur, le refroidiroit en employant la recherche et les ornemens, au lieu que le raisonnement, n'exerçant sur l'esprit qu'un foible pouvoir, a besoin, pour le séduire et l'attacher, d'étaler dans ses discours tous les prestiges de l'art, et peut-être d'y rendre plus sensible le mérite des difficultés vaincues. Ils ont oublié que Racine, toutes les fois qu'il se livre au genre descriptif, se fait remarquer par une diction plus travaillée, un rythme plus fort, plus soutenu, qui décèle davantage la main du versificateur, et qu'entre *le récit de Théramène* et *le passage du Rhin*, un œil exercé et impartial n'apercevroit peut-être pas la différence de ton la plus légère. Si donc Racine et Boileau se sont rencontrés pour la manière lorsqu'ils se sont rapprochés par le sujet, n'en doit-on pas conclure que, si leur touche habituellement n'est pas la même, c'est qu'à cet égard la distance des genres les a tenus dans un éloignement réciproque. Il est des poëtes dont le style est continuellement tendu; leur élévation est gigantesque, leur force est de la roideur: athlètes toujours luttans et hors d'haleine, ils fatiguent le spectateur de leurs efforts. Il en est d'autres qui symétrisent sans cesse les idées et les mots; leur muse est une femme privée de grâces naturelles, qui étudie toutes ses attitudes et concerte tous ses pas. Voilà les poëtes, dont les vers sont *peinés* et peu faciles. Il en est un, dont le style joint l'énergie à la souplesse, l'élégance au naturel, et va droit à son but, sans mouvemens pénibles ou affectés. Il me représente la démarche d'un homme robuste et bien proportionné, qui met sa grâce dans un sage emploi de sa force, et dont la noble aisance laisse à peine soupçonner que des exercices longs et fatigans la lui ont procurée. A ce portrait qui ne reconnoîtroit Boileau?

En même temps que le travail perfectionnoit les dons de son heureuse organisation, l'étude des grands écrivains de l'antiquité soutenoit et guidoit son talent. Leur style fut la règle du sien; les beautés de leurs écrits passèrent dans ses ouvrages. La sphère des idées et des images poétiques est limitée. Les Grecs et les Latins venus les premiers se sont emparés des grands traits et des couleurs franches de la nature. Les modernes ont dû les leur emprunter ou renoncer à peindre; et ceux qui ont voulu se placer hors de cette alternative, travaillant sans modèles pour ne point se rencontrer avec les compositions antiques, n'ont dessiné que des formes imaginaires, n'ont étalé qu'un coloris factice. Ce sont les anciens qui ont inspiré à Boileau ce goût pur et sévère, cette exécution ferme et correcte, qui conserve le caractère antique aux pensées qu'il a puisées dans leurs écrits, et le donne à celles qu'il a tirées de son propre fonds. C'est en les imitant qu'il est devenu classique comme eux.

Tandis qu'on faisoit un crime à Boileau d'avoir emprunté aux anciens, Boileau s'en glorifioit sans cesse, et les obligations qu'il leur avoit, éclatèrent bien moins par les reproches de ses ennemis que par les témoignages de sa reconnoissance. Ses maîtres furent attaqués ; il y eut révolte au Parnasse ; on voulut renverser ceux qui y régnoient depuis vingt siècles ; et cette entreprise fut suscitée par un obscur écrivain. Forts de leur nombre que grossissoient chaque jour l'ignorance et l'erreur, auxiliaires naturelles d'une semblable cause, renouvelant à chaque instant leurs attaques contre d'illustres morts que des chefs-d'œuvres protégeoient foiblement dans l'opinion d'un public égaré ou indifférent, les adversaires de la Grèce et de Rome alloient triompher. Boileau, à la tête des premiers écrivains du siècle, marche au combat et change la fortune. Moins généreux, les défenseurs de l'antiquité eussent gardé la neutralité, et, permettant aux héros du *Parallèle* une facile victoire, ils se fussent emparés ensuite d'un champ de bataille dont Perrault et les siens ne pouvoient rester maîtres. L'honneur et la reconnoissance l'emportèrent ; les anciens furent défendus par les seuls modernes qui eussent pu les attaquer avec avantage ; les auteurs grecs et latins furent maintenus sur le trône de la littérature par les seuls écrivains qui fussent assez forts pour le leur disputer

Celui qui admira de si bonne foi les anciens, qui combattit si généreusement pour leur défense, auroit-il été insensible au mérite des grands écrivains modernes, et se seroit-il plu à le dégrader ? Celui qui donna à Molière et à Racine des louanges si sincères et si courageuses, auroit-il été le lâche et injuste détracteur du Tasse, de Corneille et de Quinault ? Ah ! c'est trop s'arrêter à ces odieuses imputations de la malignité. La gloire de Boileau s'en indigne ; elle désavoue d'avance l'indiscret panégyriste qui croiroit nécessaire de les repousser. Qu'un autre, s'il le veut, s'attache donc à prouver que l'ennemi des jeux de mots, des *concetti*, *de tous ces faux brillans de la moderne Italie* (*), a pu sans injustice préférer *l'or* au *clinquant*, le style de Virgile, que l'alliage du mauvais goût n'altère jamais, à celui du Tasse, qui brille trop souvent d'un éclat trompeur et superficiel ; qu'il examine si, après avoir prodigué à l'auteur du *Cid*, de *Polyeucte* et de *Cinna* les témoignages les plus nombreux, les plus éclatans d'une admiration vive et profonde, le critique, jaloux des progrès de l'art, n'étoit pas en droit de relever quelquefois, avec tous les ménagemens dus au déclin

(*) Laissons à l'Italie
De tous ces faux brillans l'éclatante folie.

ART POÉT., chant Ier.

d'un grand génie, les défauts de l'auteur d'*Agésilas*, de *Pertharite* et d'*Attila*; qu'il examine si le satirique, en ridiculisant les tragédies de Quinault, et en convenant que *ses poëmes lyriques lui avoient fait une réputation méritée* (*), ne s'est pas montré à peu près également juste dans le blâme et dans la louange; et si un éloge trop modéré d'*Armide* n'est pas excusable dans le censeur de l'*Astrate*, que la sévérité de ses principes en matière de morale et de goût empêchoit de se passionner pour un genre, où l'amour fait tout le fond des idées, et l'harmonieuse foiblesse des vers une des principales qualités du style. Pour moi, je ne veux plus oublier que je loue Boileau devant ses admirateurs, et que je ne le défends pas devant des juges. Parmi les reproches d'injustice faits à Boileau, il en est un pourtant que je ne passerai point sous silence. Ce reproche est le moins grave de tous peut-être; mais La Fontaine y a donné sujet; et quel écrivain, ennemi des Grâces, contraire aux intérêts de son propre talent, négligeroit l'occasion de parler de La Fontaine? Boileau, pendant sa vie, exerçant au Parnasse une magistrature suprême, a réuni contre lui la foule des prétentions, toujours si vives et si nombreuses dans un état où le mérite fixe les rangs; et, après sa mort, il a subi la des-

(*) Ce sont les expressions mêmes de Boileau.

tinée de tous ceux qui ont été revêtus d'un grand pouvoir. Ses actes de sévérité, comme ses faveurs, ses oublis, comme ses offenses, tout a été jugé avec une excessive rigueur. Cette animadversion contre le mérite qui domine, se change naturellement en générosité envers le mérite modeste et méconnu. Nul homme n'excita plus puissamment cette sorte d'intérêt que La Fontaine, écrivain le plus original, le moins imitable de tous, qui ne prit aucun soin ni de sa fortune, ni de sa renommée. Des amis pourvurent aux besoins de son existence ; la postérité s'est chargée de sa gloire. Non-seulement elle accroît chaque jour ce bien placé, pour ainsi dire, sous sa tutelle ; mais encore, elle demande un compte rigoureux de ce qui pouvoit y manquer, lorsqu'elle en a reçu le dépôt. Elle semble ne devoir jamais pardonner à Louis XIV et à Boileau d'avoir négligé La Fontaine. Si Boileau fit cas du conteur au point de le préférer à l'Arioste lui-même, rien ne prouve qu'il ait apprécié le fabuliste. Il n'a parlé dans son *Art poétique* ni de l'apologue, ni de l'homme vraiment unique qui, dans ce genre, a surpassé tous ses devanciers, et ne sera probablement égalé par aucun de ses successeurs. Avouons-le ; le mérite de La Fontaine paroît n'avoir frappé que foiblement ses contemporains. Le seul Molière, plus observateur, plus pénétrant, a prédit que *nos plus beaux esprits n'effaceroient pas le bon homme.* Des compositions d'une étendue très-bornée; des sujets presque tous d'emprunt; un style agréable et facile, mais moins pur, moins précis que celui de Phèdre; voilà peut-être tout ce que les autres ont aperçu dans le charmant livre des fables. Ce qui est simple et naturel éloigne d'abord les idées de génie et de perfection. Combien d'imitateurs de l'inimitable La Fontaine ne se sont-ils pas flattés en secret qu'il n'étoit pas impossible de l'atteindre? Placés entr'eux à d'inégales distances, mais tous séparés de lui par un immense intervalle, ils nous ont servi, pour ainsi dire, à mesurer avec quelque justesse un mérite dont on n'avoit point encore soupçonné toute l'élévation. Comment l'auroit-on soupçonnée? La Fontaine lui-même, on le sait, se croyoit inférieur à l'affranchi d'Auguste; son siècle le crut ainsi; et, pour cette seule fois, sans doute, on fut injuste envers un écrivain en l'estimant ce qu'il s'estimoit lui-même. Long-temps ce poëte charmant, délices de tous les âges, ne parut guère propre qu'à amuser l'enfance. Telle a été la force et la durée du préjugé, que Voltaire, juge ordinairement si éclairé du talent poétique, mais né bien avant le temps où La Fontaine a pris enfin sa véritable place, ne l'a jamais loué qu'avec des restrictions, dont notre enthousiasme pour ce poëte aimable n'auroit peut-être pas moins sujet de se plaindre que du silence tant reproché à l'auteur de l'*Art poétique*.

Si je me bornois, Messieurs, à vous montrer dans Boileau le grand poëte, l'excellent versificateur, le judicieux critique, je ne vous offrirois de lui qu'une image imparfaite. Vous avez admiré le talent de l'écrivain; le caractère de l'homme n'est pas moins digne de votre estime. Courtisan et satirique, Boileau ne connut ni la bassesse, ni la mauvaise foi, écueils ordinaires et presque inévitables de ces deux professions.

Il fut le flatteur de Louis XIV (*); mais il le fut avec toute la France, qui idolâtroit son roi, avec toute l'Europe, qui retentissoit de la gloire de ce prince. Un monarque d'une figure imposante, d'une taille majestueuse, d'un esprit sans culture, mais plein de justesse et d'élévation, grand dans ses projets, constant dans ses résolutions, noble dans ses plaisirs, décent dans ses foiblesses, employant les arts, protégeant les lettres et les sciences, sachant apprécier les hommes et s'en servir, possédant l'art de donner du prix aux faveurs, et l'art, plus grand encore, de

(*) Zoïle de Quinault et *flatteur de Louis*.
Vers de Voltaire dans son *Épître à Boileau*.

dispenser la louange et l'encouragement à l'aide de ces à-propos heureux, dont l'expression réunissoit toujours la grâce et la dignité ; voilà quel fut long-temps Louis XIV. L'Europe attaquée, ou menacée par les armes de la France ; la France florissant par le commerce et les manufactures : des fêtes d'une magnificence sans bornes ; des monumens utiles et immortels : un ministre qui dirigeoit avec génie les guerres qu'il allumoit par d'indignes motifs ; un autre ministre, né pour réparer, comme le premier pour détruire, qui rendoit les peuples étrangers tributaires de notre industrie, en même temps qu'ils l'étoient de notre valeur : une cour brillante et voluptueuse, où l'esprit et la beauté se disputoient à l'envi les regards du maître ; des héros, des écrivains illustres, des artistes célèbres, des grands hommes en tout genre, qu'on eût dit qu'il avoit créés : voilà quel fut long-temps le siècle de Louis XIV. Racine, Quinault, Boileau, Molière ne durent-ils pas célébrer un roi puissant, dont l'éclat frappoit vivement leurs yeux, et de qui ils recevoient plus que des bienfaits, puisqu'il les combloit de distinctions ? Parmi ces éloges que la reconnoissance ennoblissoit tous, quels sont ceux que le talent a le plus embellis, que la délicatesse a le plus tempérés ? Ne sont-ce pas ceux de Boileau ? Que d'esprit, de grâce, de finesse ! quels tours piquans et imprévus ! Ce n'est point un écrivain courtisan et en faveur qui flatte son maître ; c'est un satirique forcé de louer ; c'est un poëte que trop de victoires importunent parce qu'il faut qu'il les chante ; c'est la mollesse qui *retrace les outrages cruels que le roi lui fait tous les jours* (*). Cependant quelles ingénieuses leçons mêlées à ces louanges ! Boileau a vanté les douceurs de la paix, dont Louis XIV faisoit jouir la France pendant de trop courts intervalles. Ne voit-on pas que c'étoit moins le féliciter de ce qu'il faisoit si rarement, que lui conseiller de le faire toujours ? Enfin, l'épisode de Pyrrhus et de Cynéas n'est-il pas l'exemple le plus admirable d'une liberté noble et courageuse ; et, s'il n'a point corrigé le conquérant, ne doit-il pas absoudre le flatteur ?

La satire littéraire avoit jusqu'à Boileau trouvé grâce à tous les yeux. Horace, Perse, Juvénal chez les Latins, Regnier, parmi nous, n'avoient encouru aucun blâme pour avoir vengé le bon goût sur les écrivains qui l'outrageoient. Boileau hérita de leurs armes, et s'en servit comme eux. On lui en fit un crime. Il vit pendant quelque temps le sévère Montausier déchaîné

(*) Je me fatiguerois à te tracer le cours
Des outrages cruels qu'il me fait tous les jours.

LUTRIN, chant IIe.

contre lui. Il eut l'art de l'apprivoiser, et la vertu se réconcilia avec la satire; mais celle-ci devoit trouver de nos jours des censeurs plus inflexibles. Plus que jamais *elle est traitée d'horrible attentat* (*), et l'on s'efforce de la proscrire comme inutile, odieuse, injuste. Quoi! serions-nous réduits à en discuter ici l'utilité, et les services que Boileau a rendus par elle à la littérature, seroient-ils à ce point oubliés ou méconnus? Aurions-nous besoin de démontrer qu'elle n'a rien d'odieux, lorsque renfermée dans ses bornes véritables, elle attaque gaiement les écrits, sans outrager les personnes? Seroit-il nécessaire enfin de prouver qu'elle peut sans injustice censurer un auteur ridicule qui compromet volontairement son amour-propre, et qui, demandant des louanges à ses lecteurs, donne à chacun d'eux le droit de lui adresser des critiques? Sans doute on peut abuser de cette justice littéraire; tous ceux qui l'ont exercée n'en étoient pas dignes, et trop souvent on a fait servir au triomphe des plus viles passions, un ministère qui ne devoit être employé qu'à la défense du bon goût et du génie. Mais doit-on envelopper dans une même aversion la satire et le libelle? N'y a-t-il donc aucune différence entre la sévérité éclairée d'A-

(*) Et d'attentat horrible on traita la satire.

ÉPITRE à M. de Lamoignon.

ristarque, et la rage aveugle de Zoïle, entre les bons mots de Boileau et les injures de Gacon ? O vous, qui vous obstinez à confondre ce qui est si distinct, comparez un moment l'auteur de libelles et le satirique, et revenez enfin de votre erreur! L'auteur de libelles n'écrit point pour les progrès de l'art. Le plaisir de nuire, un vil intérêt dirigent seuls sa plume. Toujours aux gages d'un parti, il n'a d'opinions que celles qui lui sont payées. Dans les ouvrages, il ne voit que des hommes, dans les hommes que des adversaires ou des soutiens de la cause à laquelle il s'est vendu. Il prône ceux-ci comme il dénigre ceux-là, sans justice et sans mesure. Il encense la médiocrité pour offenser le talent. S'il exalte un homme de génie, c'est pour en ravaler un autre. Flattant bassement l'autorité qui le méprise, il croit acheter par les louanges qu'il lui adresse, l'impunité de ses diffamations criminelles. Tandis qu'il ménage l'écrivain puissant ou protégé, il poursuit avec un acharnement cruel celui qu'il voit dans la disgrâce. Il rappelle des torts oubliés ou effacés; il insulte au malheur, à l'âge, aux infirmités. Homme odieux, il est encore écrivain méprisable. Il déprime des chefs-d'œuvres, et le plus foible ouvrage est au-dessus de ses forces. C'est en mauvais vers, c'est le plus souvent dans quelques pages d'une prose incorrecte et grossière qu'il déchire des poëmes sublimes. Il se dit le vengeur du goût et son style l'outrage sans cesse. L'injure est tout son talent. Puisse-t-il s'y renfermer ! Ses éloges flétrissent quiconque en est l'objet, et sa bouche, qu'un long usage de l'insulte a comme défigurée, ne peut s'ouvrir pour la louange sans devenir mille fois plus difforme encore. Le satirique, au contraire, n'a en vue que la gloire des lettres. Il y sacrifie tout. La séduction puissante de l'or, les timides suggestions de la crainte, l'empire des affections personnelles, rien ne peut lui faire taire une censure qu'il croit salutaire, lui arracher une louange qu'il ne croit pas méritée. Ce sont les écrits seuls qu'il juge. Le caractère de l'écrivain, son parti, ses liaisons n'en affoiblissent à ses yeux ni les beautés ni les défauts. Il sait que l'autorité a sagement abandonné le monde littéraire à nos disputes; il iroit frapper jusque sous ses regards le sot ou l'ignorant qui auroit surpris sa faveur, et l'homme de génie, qui auroit eu le malheur de lui déplaire, n'en seroit pas moins l'objet de son admiration et de ses éloges. A côté du trait malin qui punit les fautes, il place le précepte qui peut les faire éviter. Il critique les méchans ouvrages; mais il en compose d'immortels. Son vers imprime à ce qui est ridicule une flétrissure ineffaçable; mais il sait aussi, quand il le faut, éterniser la gloire des choses grandes ou utiles. Il possède au plus haut degré l'art de blâmer ; mais nul ne loue avec plus de grâce, et son suffrage est le plus sincère et le plus flatteur de tous. Les sots dont il se moque, les vicieux qu'il peut démasquer, le craignent, le haïssent, et, pour s'en venger, l'appellent un méchant ; mais il est chéri des gens éclairés et vertueux qui n'ont rien à redouter de sa sévérité, et qui trouvent en lui un homme de bien.

Les obligations que ce titre impose, Boileau ne les bornoit point à la pratique des vertus vulgaires et indispensables. Pardonne, ô Boileau! si j'étale à tous les yeux, comme un monument de ta gloire, de belles actions qui ne coûtoient rien à ta générosité, et que ta modestie auroit voulu cacher. En me permettant de les divulguer, tu serviras l'humanité qu'honore l'assemblage de tes talens et de tes vertus. Il est utile de retracer de tels exemples. Ils corrigent l'influence pernicieuse qu'a trop souvent exercée sur les mœurs publiques la réunion du vice et du génie.

Le bien que Boileau fit sans faste, je le dirai avec simplicité. Patru dans l'indigence se voit forcé de vendre ses livres, sa dernière et sa plus douce propriété. Boileau, jusqu'alors peu fortuné lui-même, les lui achète au delà de leur valeur, et exige qu'il en jouisse durant toute sa vie. La pension du grand Corneille venoit d'être supprimée. Boileau vole auprès du roi. « Je » ne puis, lui dit-il, toucher la pension que vo- » tre majesté m'a faite, tant qu'un aussi grand » homme que M. Corneille restera privé de la » sienne ». La pension est rétablie, et l'on porte deux cents louis d'or à l'auteur des *Horaces*. Boileau ne rencontra que deux fois de ces occasions qu'on pourroit appeler les bonnes fortunes de l'homme généreux ; mais on le vit bienfaisant par principes et non point par saillies, offrir constamment sa bourse et son crédit aux hommes de lettres peu favorisés des dons de la fortune. L'ingratitude ne rebutoit point sa bonté. Linière faisoit des couplets au cabaret contre Boileau, et souvent le vin qui les lui inspiroit étoit payé par Boileau lui-même.

Il étoit d'un commerce doux et facile. Son père avoit dit de lui : « Colin est un bon enfant, » il ne dira de mal de personne ». Cette prédiction nous fait rire aux dépens de l'honnête greffier qui fut un si mauvais prophète. Son erreur est facile à justifier. Le père de Despréaux enfant, ne put juger que du caractère de son fils, et il en jugea bien. Le génie du satirique, sorte d'instinct qui devoit un jour lui faire trouver dans tout mauvais poëte un ennemi à combattre sans ménagement, à immoler sans scrupule, ce génie sommeilloit encore. Le cœur fut et resta toujours bon, l'esprit seul devint impitoyable. « Vous êtes tendre en prose et cruel en » vers, lui dit à lui-même madame de Sévigné ». Ce mot charmant explique tout, et je devois peut-être me borner à le transcrire.

Après ses actions, le témoignage le plus sûr qu'un homme puisse donner de ses mœurs et de son caractère, ce sont ses amis. Tout ce que la cour, l'église, la magistrature et les lettres ont eu de plus distingué par le mérite et par les vertus, le grand Condé, La Rochefoucault, Lamoignon, d'Aguesseau, Arnault, Bourdaloue, Molière, voilà les noms que Boileau peut citer, voilà les garans qu'il peut offrir. Ces noms qui sont à peine un choix parmi ceux des illustres personnages dont Boileau fut aimé, iront dans la postérité déposer en faveur de ses qualités sociales, en même temps que ses écrits y porteront la preuve de ses talens supérieurs.

J'ai parlé de ceux qui furent les amis de Boileau, et je n'ai pas nommé celui de tous qui lui fut le plus cher, et dont il fut le plus aimé. Ici, comme dans son cœur, Racine doit avoir une place à part. Boileau, ce maître d'une sévérité inflexible, avoit dans Racine un disciple de l'amour-propre le plus ombrageux. Cependant une intimité confiante devint le caractère de leur attachement ; le brusque ascendant de l'un et la timide déférence de l'autre, se confondirent dans une douce et vive affection. Quel fut donc le principe, le lien d'une amitié si tendre? les services et la reconnoissance. Boileau, dans l'auteur des *Frères ennemis* et d'*Alexandre*, devina l'auteur d'*Andromaque* et de *Britannicus*. Ses conseils et son exemple, plus profitables au jeune poëte que ne l'avoit été jusque-là le commerce assidu des anciens, le ramenèrent au bon goût et à la noble simplicité du style ; il mit des entraves salutaires à sa facilité ; il revoyoit attentivement ses ouvrages, et plus d'une fois l'autorité du critique, secondée par le zèle de l'ami, exigea, obtint d'utiles sacrifices (*). Des femmes.... Qui le croiroit? Des femmes avoient conspiré contre leur poëte, contre celui qui les aima le plus, puisqu'il les connut le mieux. *Phèdre*, avoit succombé sous les efforts de la cabale. Boileau, dans cette belle épître, source é-

(*) On trouve dans les *Mémoires de J. Racine*, par son fils, un exemple bien frappant de l'utilité des conseils que Boileau donnoit à son ami, et de la docilité avec laquelle celui-ci les suivoit. L'inflexible aristarque demanda la suppression d'une scène de *Britannicus*, écrite et versifiée, comme le reste de la pièce, et Racine consentit au sacrifice.

ternelle de consolation pour le génie persécuté, vengea son ami de l'ingratitude du siècle, *et souleva pour lui l'équitable avenir* (*). Plus tard, Racine, rappelé au théâtre par la piété qui l'en avoit écarté, voit son *Athalie* reçue avec dédain. Le décri étoit universel, et l'opinion même de l'auteur étoit entraînée par celle du public. Boileau, seul contre le public et l'auteur, dit à Racine : « On en reviendra, *A-*
» *thalie* est votre plus bel ouvrage », et il obtint de lui qu'il ne regarderoit point comme indigne de sa plume cette *Athalie*, qui est peut-être en effet son chef-d'œuvre. Voilà comment Boileau savoit remplir les devoirs de l'amitié. Racine avoit-il assez de toute sa tendresse pour s'acquitter envers lui ? Mais en mourant, il lui dit : « Je m'estime heureux de ne pas vous survi-
» vre ». Mot sublime ! ce mot a tout payé.

O vous, qui suivez la carrière des lettres ! Racine et Boileau sont vos maîtres ; leurs écrits sont vos modèles, proposez-vous aussi leur amitié pour exemple. Songez que la jalouse ignorance a sans cesse les yeux sur vous ; qu'humiliée de vos succès, elle triomphe de vos défaites. Sa haine seule seroit impuissante peut-être ; mais vous la servez. Malheureux alors d'avoir des talens, vous en faites des armes que vous

(*) Vers de l'*Épître à Racine*.

tournez les uns contre les autres. Cessez de donner à votre ennemie le honteux spectacle de vos combats et de vos blessures mutuelles. Partagez-vous la gloire, ne vous la disputez point. L'émulation accélère vos pas, l'envie les égare en vous aveuglant. Ah ! soyez unis; aimez-vous : il y va de votre bonheur. Dans vos succès, qui jouira avec vous du plaisir que la gloire procure, plus vivement que ceux qui l'ont goûté pour eux-mêmes ? Dans vos revers, qui vous offrira des consolations plus sûres, plus délicates que ceux qui ont éprouvé le même malheur, ou qui craignent de l'éprouver ?

Racine a été loué par une bouche éloquente (*), et son ombre a dû s'en réjouir. Mais depuis long-temps elle s'affligeoit sans doute de ce que la mémoire de Boileau restoit privée d'un pareil hommage. Pendant leur vie, réunis par une heureuse conformité de principes, de sentimens et de goûts, cultivant les mêmes amis, partageant quelquefois les mêmes travaux, associés aux mêmes distinctions ; après leur mort, s'offrant presque toujours ensemble au souvenir et à l'admiration des hommes ; c'étoit, en quelque sorte, les séparer pour la première fois que de ne pas rendre à l'un les honneurs publics qui avoient été accordés à l'autre. Que l'ombre de

(*) M. de La Harpe.

Racine se console. L'élite des écrivains de la nation nous a invités à célébrer la gloire de Boileau. Deux fois, il est vrai, le talent des orateurs à trahi leur zèle. Les juges n'ont pas cru que, dans une lutte aussi difficile et aussi importante, le prix pût être obtenu par des efforts ordinaires, mérité par un médiocre succès. Cette juste sévérité est déjà un hommage rendu à Boileau; mais il en attend un autre, et cette fois il le recevra sans doute. Trop heureux celui qu'on n'aura point trouvé indigne de proclamer sa gloire! Pour moi, Messieurs, qui ai moins consulté mes forces, que cédé à mon enthousiasme pour ce grand poëte, si je ne suis point appelé à l'honneur de placer sur sa tête la brillante couronne que vous lui avez décernée, je déposerai du moins à ses pieds la modeste offrande de mon admiration et de ma reconnoissance.

NOTES.

On sent combien il m'eût été facile de multiplier les notes à la suite d'un éloge de Boileau. Les commentaires de Brossette et de Saint-Marc, le *Bolæana*, les éloges de Boileau par Boze et d'Alembert, etc., m'en auroient fourni un volume. Mais à quoi bon répéter ce qu'on trouve partout, et ce que chacun sait? Dans le peu de notes que j'ai cru devoir faire, celles qui m'ont paru trop longues pour être placées au bas du texte, je les ai rejetées à la fin : elles sont au nombre de quatre seulement.

(1) Le poëme *héroï-comique* est une parodie de l'*Épopée*. Il est deux sortes de parodies. L'une s'attaque aux personnages, qui, par leur grandeur, appartiennent à la muse de la tragédie ou à celle du poëme épique, et elle se fait un malin plaisir de les dégrader. Saisissant certain rapport qui existe entre les conditions les plus basses et les états les plus éminens, les actions les plus communes et les faits les plus distingués, les locutions les plus triviales et les façons de parler les plus relevées, elle substitue continuellement les unes aux autres. *Le sublime est voisin du ridicule*, voilà le secret de son art. C'est un héros qui court les rues en habit de masque, et assortit ses propos à son travestissement. L'autre parodie prend ses acteurs dans un ordre inférieur, et elle se fait un jeu innocent de rehausser par la noblesse et le sérieux des expressions ce que le fond de leurs démarches et de leurs discours a de bourgeois et de risible. Elle trans-

porte aux emplois les plus obscurs des dénominations analogues prises dans la sphère des plus éclatantes dignités; elle fait des rapprochemens gravement comiques entre les incidens les plus puérils et les événemens les plus importans de l'histoire; elle intéresse au salut ou à la perte des êtres subalternes qu'elle met en jeu, toutes les divinités des cieux et des enfers. C'est un enfant monté sur des échasses qui s'affuble de la pourpre des rois ou de la simarre des magistrats, et qui, renflant sa voix, composant son geste, alongeant et mesurant son pas, contrefait sans rire le ton et l'allure de ces augustes personnages.

Telle est la différence du *burlesque* et de l'*héroï-comique*. La supériorité de ce dernier genre est universellement sentie, et il doit être facile d'en expliquer la raison. La poésie, les beaux-arts se proposent l'imitation d'une nature choisie, dont ils perfectionnent les traits en les conservant. L'image trop exacte d'un objet bas et dégoûtant nous révolte, et la fidélité du pinceau, loin de sembler un mérite, ne fait qu'aggraver le tort d'un pareil choix. Le *burlesque* est cent fois plus odieux encore. Il avilit à dessein ce qui est noble en soi; il met son travail et sa gloire à gâter ce qui est beau, lorsqu'il faudroit l'embellir encore. Sa peinture manque totalement de vérité, puisque ses personnages trop défigurés n'ont pas même dans leurs portraits la grossière ressemblance de la caricature : ses tableaux sont d'indécens grotesques qui déshonorent à la fois l'art, l'artiste et le sujet. L'*héroï-comique* au contraire travaille d'après des modèles vulgaires; mais par la grandeur de sa manière, la dignité du costume, l'élégance des draperies, il orne leurs formes sans les cacher, il agrandit leurs proportions sans les outrer, il remplit toutes les conditions de l'imitation pittoresque et poétique.

Personne n'est dupe de l'importance que le poëte *héroï-comique* donne à des bagatelles, du sérieux avec lequel il traite les matières les plus risibles. L'essentiel est qu'il paroisse de bonne foi. *Il n'y a de bon plaisant que celui qui ne rit pas.* Telle est sa devise : telle étoit celle de ce bon La Fontaine, l'Homère des rats et des lapins, qui tira un si grand parti de ce sublime des petites choses, de cette gravité enfantine, qui nous amuse d'autant plus que l'objet qui l'occupe en vaut moins la peine, et qu'elle en paroît plus profondément occupée. On ne peut faire un pas dans le vaste domaine de la poésie sans rencontrer Boileau proscrivant ce qui nuit à l'art, encourageant ou pratiquant ce qui en augmente la gloire, donnant tout à la fois des lois et des modèles. Des deux genres de poëme dont je viens de parler, il a fait tomber l'un d'une vogue insensée dans un mépris profond; en traitant l'autre, il a créé l'un des ouvrages les plus parfaits dont les muses françoises s'honorent.

(2) Les ouvrages de Boileau sont remplis des traits les plus forts contre la manie des conquêtes. Tout le monde connoît le bel épisode de Pyrrhus et de Cynéas, que précèdent ces vers adressés au roi :

> A quoi bon d'une muse au carnage animée,
> Échauffer ta valeur déjà *trop allumée?*

et à la suite duquel on trouve ces autres vers :

> En vain aux conquérans
> L'honneur parmi les rois donne les premiers rangs ;
> Entre les grands héros ce sont les plus vulgaires.

Ailleurs Boileau dit :

> On ne reconnut plus qu'usurpateurs iniques,
> Que tyranniques rois, censés grands politiques,

Qu'infâmes scélérats à la gloire aspirans,
Que voleurs revêtus du nom de conquérans.
SAT. XII.

Enfin on sait que dans sa satire VIII, il envoie aux Petites-Maisons Alexandre, ce fougueux l'Angeli,

Qui traînant avec soi les horreurs de la guerre,
De sa vaste folie emplit toute la terre.

Et que dans sa satire XI, il prétend que César, jugé suivant les lois par un tribunal, eût *laissé sur l'échafaud sa tête et ses lauriers*. Il y avoit bien quelque courage, quelque *philosophie* à faire entendre de pareilles choses à un roi enivré de ses victoires, dont tous les autres écrivains flattoient l'humeur belliqueuse.

(3) Boileau ne s'est pas exprimé avec moins de liberté sur ces objets encore plus délicats. Il livre la guerre la plus vigoureuse aux faux dévôts, à *ces esprits orgueilleux*,

Qui couvrant leurs défauts d'une sainte apparence,
Damnent tous les humains de leur pleine puissance.
SAT. IV.

Selon lui, un dévot,

S'il n'a point le cœur juste, est affreux devant Dieu.
L'Evangile au chrétien ne dit en aucun lieu :
Sois dévot ; il nous dit : Sois doux, simple, équitable.
SAT. XI.

On pourroit citer dix passages pareils.

Qui a peint plus énergiquement les fureurs du fanatisme que Boileau dans ces vers de sa satire contre l'équivoque ?

Au signal tout à coup donné pour le carnage,
Dans les villes partout, théâtre de leur rage,

Cent mille faux zélés, le fer en main courans,
Allèrent attaquer leurs amis, leurs parens,
Et sans distinction dans tout sein hérétique,
Pleins de joie, enfoncer un poignard catholique.
Car quel lion, quel tigre égale en cruauté
Une injuste fureur qu'arme la piété?

Boileau étoit véritablement pieux. S'il y a peu de philosophie à rejeter toute une religion, il y en a beaucoup, ce me semble, lorsqu'on respecte cette même religion, à discerner et à blâmer ce qui s'y est mêlé de répréhensible.

(4) Un taureau piqué par une guêpe

Exhale sa douleur en longs *mugissemens.*

Une église retentit la nuit des coups redoublés du maillet,

Et l'orgue même en pousse un long *gémissement.*

Le poëte avoit deux fois à exprimer un bruit sourd et prolongé : deux fois il a terminé son vers par un quadrisyllabe traînant et insonore, et il lui a donné la physionomie du vers spondaïque que les anciens employoient en pareil cas.

Autre exemple : Un prélat dîne avec précipitation,

Les morceaux *trop hâtés* se pressent dans sa bouche.

Le même personnage, impatient de sortir, s'apprête, se peigne ;

L'ivoire *trop hâté* deux fois rompt sur sa tête.

Ici le peigne poussé sans ménagement rencontre un obstacle qui l'arrête. Là les morceaux avalés l'un sur l'autre se heurtent contre l'œsophage dont ils se ferment l'entrée. C'est cette résistance, ce choc qu'il falloit peindre. La saccade du mot *hâté* en est la vive et fidèle image.

> Quatre bœufs *attelés* d'un pas *tranquille* et *lent*,
> etc.
> Quand Sidrac, à qui *l'âge alonge* le chemin,
> etc.

Il est certain que dans ces deux vers la répétition de la lettre *l* a pour objet d'en ralentir la marche. Un poëte tragique a dit :

> Que pour les malheureux l'heure lentement fuit !
>
> SAURIN.

Ce vers, quoique frappé d'un trop juste ridicule, est une nouvelle preuve que la lettre *l* est en possession d'exprimer la lenteur. On seroit tenté de croire que les mots *long*, *lent*, *lourd* ont été créés en vertu de l'onomatopée.

> Du lugubre instrument font crier les ressorts.

Ce vers déchire l'oreille, comme feroit la crecelle elle-même ; on l'articule péniblement, tandis que celui-ci :

> Soupire, étend les bras, ferme l'œil et s'endort.

tombe de la bouche sans effort et sans bruit. Transportons à chacun de ces vers le sens de l'autre ; tout rapport entre l'objet et l'imitation est anéanti, les deux vers sont mauvais. Cette épreuve sûre constate le mérite de l'art et le talent de l'auteur.

Nous avons entendu la crecelle : écoutons les cloches à leur tour. Boileau (qu'on me permette une supposition qui bientôt peut-être va cesser d'en paroître une), Boileau s'est dit : N'employons ici que des syllabes d'un son clair ; que la rime, comme un timbre vibrant, retentisse au bout du vers ; que chaque hémistiche divisé en deux temps égaux, produise autant de fois la triple percussion d'un battant bien élancé. Puis il a écrit :

> Les cloches dans les airs de leurs voix argentines
> Appeloient à grand bruit les chantres à matines.

Que l'on compare ces deux vers avec le dessein qui, suivant moi, en a dû précéder la composition, et qu'on dise s'ils ne s'y rapportent pas avec la plus entière exactitude.

Mais voici le triomphe de l'art et de l'artiste. Boileau veut décrire un prélat frais, gros et court, les matelats rebondis qui composent sa couche, les rideaux amples et épais qui l'entourent. Il ne suffit pas pour le poete de présenter la chose à l'esprit; il ne peut l'exposer aux yeux ; il va la peindre à l'oreille : un sens va suppléer à l'autre : les sons rendront des formes que les seules couleurs sembloient pouvoir exprimer. Voyons le lit du prélat :

> Quatre rideaux pompeux, par un double contour,
> En défendent l'entrée à la clarté du jour.

Voyons le prélat lui-même :

> Et son corps ramassé, dans sa courte grosseur,
> Fait gémir les coussins sous sa molle épaisseur.

Rideaux pompeux, *double contour*. Entre l'effet matériel de ces mots considérés comme sons, et celui que produit sur le toucher et sur la vue une étoffe riche et forte, n'y a-t-il pas un échange de sensations parfaitement compensé? Dans l'énergie pittoresque du style familier, on diroit de rideaux pareils à ceux du prélat, que l'étoffe en est *à pleine main*. Les sons employés par Boileau, sont de ceux qui remplissent la bouche qui les prononce, et l'oreille qui les entend. L'analogie n'est-elle pas réelle, et la trivialité des termes dont je me suis servi pour la faire ressortir, empêcheroit-elle qu'elle ne frappât les esprits justes? Enfin, en appliquant à la peinture du prélat sommeillant ce même principe d'imitation qui consiste à faire entre deux organes un échange de sensations équivalentes, n'est-il pas permis de trouver dans ces mots *courte grosseur, molle épaisseur,* une sorte de rondeur et de volume très-propre à figurer l'embonpoint du personnage?

FIN.

www.ingramcontent.com/pod-product-compliance
Ingram Content Group UK Ltd.
Pitfield, Milton Keynes, MK11 3LW, UK
UKHW020431180726
13839UKWH00003B/1435

www.ingramcontent.com/pod-product-compliance
Ingram Content Group UK Ltd.
Pitfield, Milton Keynes, MK11 3LW, UK
UKHW020535180726
13839UKWH00006B/2533